Prières, bénédictions, principes de foi et Service divin pour noahides

Troisième édition, adaptée de

Le Code divin : Les 7 lois universelles pour l'humanité

par

Rav Moshé Weiner

Incluant des prières autorisées par

Rav J. Immanuel Schochet

«Ma maison sera appelée Maison des prières pour toutes les nations.» (Isaïe 56:7)

Éditée par Dr. Michael Schulman et
Chaim Reisner, *Ask Noah International*

Traduit par le Rav Moshé Perets
et revu par David Y. Trauttman,
*Institut international d'étude web
du code noahide*

ISBN 978-1-7333635-0-1

Pour plus d'informations, contacter :

Rav Moshé Perets
rabbiperets@noahideacademy.org,
www.noahideacademy.org

ou Dr. Michael Schulman
SevenLaws@asknoah.org, www.asknoah.org

Autres livres de Ask Noah International :

The Divine Code

Seven Gates of Righteous Knowledge

Ce livre contient des versets traduits de la Torah et doit être traité avec respect.

SOMMAIRE

I. Principes de foi et du service de D-ieu

II. Prières et bénédictions

III. Prières pour d'autres besoins

Partie I :

Principes de foi et du service de D-ieu[1]

Conscience de D-ieu

Le fondement de base et le premier principe de foi est de savoir qu'il existe un Être premier qui a amené toute chose à l'existence. Toutes les entités des royaumes spirituels et physiques dérivent leur existence uniquement de la vérité de Son Être. Cet Être est le D-ieu de l'univers et le Maître de la terre entière. Il contrôle les sphères et l'univers entier avec un pouvoir infini et illimité de manière permanente et sans interruption. Il est Un dans une unification complète qui dépasse toutes les formes d'unité qui font partie des royaumes créés. Il est complètement unifié et il n'existe pas une unité similaire à la Sienne dans les royaumes créés.

---

[1] Ceci est une brève liste des principes essentiels de la vraie foi basée sur la Torah. Pour plus d'explications sur ces concepts, et plus en détail, voir *The Divine Code*, troisième édition, Vol. I, Partie I.

Tout corps possède une limitation et une définition, ainsi qu'un pouvoir limité et défini. Étant donné que la capacité et le pouvoir de D-ieu n'ont pas de limitation ni de frontières, Son pouvoir n'est pas celui d'un corps.

Vu qu'Il n'a pas de forme ni de corps, Il ne peut être affecté par aucune circonstance qui peut affecter un corps, comme par exemple les effets d'êtres séparés d'une autre entité. Il est, dès lors, de Son être, d'être Un et Singulier.

De même que Son existence est d'une nature entièrement différente de celle des êtres créés, Sa Vérité est incomparable à leur vérité. Tous les êtres créés ont besoin de Lui pour fournir leur existence, tandis qu'Il n'a pas besoin d'eux.

L'obligation de cette connaissance n'est pas seulement de comprendre ce précepte une fois, de l'accepter et de le mettre dans son cœur. C'est une obligation continue pour une personne de penser et de contempler l'existence du Maître de l'univers et de Sa grandeur afin de mettre fortement cette connaissance dans son cœur et dans ses pensées. Il faut constamment réfléchir à cela, comme l'écrivait le roi David : «Je place toujours D-ieu devant moi ; parce qu'Il est à ma droite, je ne faiblirai pas.»[2] Cette reconnaissance de l'existence de Dieu inclut l'acceptation de Sa royauté et de Son autorité constante.

Conscient de cette connaissance et du fait que D-ieu a créé ce monde pour que les personnes puissent vivre ensemble dans la justice en Sa Présence, on est obligé d'accepter les sept commandements de Noé (énumérés brièvement au verso de ce livre) et leurs détails qui sont transmis dans la Torah. Un non-juif qui accepte ces commandements et observe leurs détails est vraiment pieux et mérite une part éternelle dans le Monde à Venir. Cela s'applique s'il les accepte et les fait parce que D-ieu nous a informés, dans la Torah de Moïse, qu'Il a commandé aux enfants de Noé de les accomplir.[3]

---

[2] Psaumes 16:8.

[3] Rambam, *Mishneh Torah, Lois des Rois* 8:11.

Servir D-ieu avec compréhension et sentiments

Chaque personne doit s'efforcer d'atteindre une compréhension du Créateur en fonction de ses capacités, et doit réfléchir d'une façon permanente à propos de la grandeur du Créateur et à Sa supervision de la totalité de la Création. Cette réflexion permanente a comme objectif de faciliter le réveil dans le cœur de la personne de l'amour et de la crainte de D-ieu.

Quel est cet amour et cette crainte de D-ieu ? Lorsqu'un individu comprend que D-ieu crée et maintient à tout instant l'existence de chaque chose, et que D-ieu a créé tous les peuples pour qu'ils L'honorent et Le servent, et ensuite il médite à propos de la grandeur infini de D-ieu en fonction de sa propre intelligence et de son entendement, alors il parviendra à aimer D-ieu.

Lorsqu'un individu réfléchit également à propos de la petitesse de n'importe quelle créature en rapport au Créateur, il prendra conscience de la grandeur infinie de D-ieu ; alors, il ressentira la crainte et la peur de D-ieu. Il deviendra également humble à ses propres yeux, en pensant au fait qu'il est une création minuscule qui possède une compréhension fortement limitée, et qu'il se tient devant la présence de D-ieu Tout Puissant.

Ceci inclut également les efforts qu'une personne doit fair pour suiver les chemins correct et pour accomplir des actions qui plairont à D-ieu, même dans les cas où aucun commandement ne s'applique. Si une personne adulte (et possédant une intelligence certaine) est bénie avec l'opportunité d'étudier et d'apprendre les voies de D-ieu, Celui-ci attend de cette personne qu'elle fasse tout son possible pour les suivre. Les prophètes de la Bible hébraïque ont révélé que ce sont les voies de la bonté, de la justice, de la miséricorde, de la vertu, de la patience et de l'humilité. En éveillant sa volonté de concentrer son esprit et son cœur, de diriger ses pensées et ses opinons afin que ses actions soient en accord avec celles de son Créateur, cela apportera du plaisir et de la satisfaction à D-ieu.

L'obligation de croire et de reconnaître le Créateur de l'univers inclut la confiance qu'une personne doit placer en D-ieu. Avec cette confiance, un individu doit avoir la foi que D-ieu se préoccupe personnellement de lui, ainsi que de toutes Ses autres créatures, et que tout ce que D-ieu fait est pour son ultime bien, car D-ieu est le bien ultime. Un aspect de cette confiance est que chacun des commandements de D-ieu est en vérité donné pour le bien de la personne et pour le bien du monde entier.

Comment peut-on Le servir ?

La partie principale du service du cœur et de l'esprit est la prière. Dès lors, on doit toujours prier devant D-ieu et Lui demander tous ses besoins. On doit remercier D-ieu et toujours Le louer, de la meilleures façon dont nous pouvons. Un autre objectif de la prière et de la contemplation est d'amener l'individu à savoir que rien n'est plus important dans la vie que la confiance totale que nous plaçons en D-ieu qui est Un et qui est le Roi de l'univers.

Lorsqu'un individu prie, il doit, si possible, prononcer ses mots à l'égard de D-ieu d'une façon claire, en remuant ses lèvres et en émettant un son. Plutôt que de simplement penser, il est préférable pour une personne de vocaliser les mots de sa prière. Cela constitue l'attitude à adopter dans le service de D-ieu.

Un individu peut prier à n'importe quel moment de la journée, et avec les mots de son choix. Cependant, il doit être vigilant à ne pas utiliser des prières que les idolâtres ont utilisées pour leurs liturgies, car il est à craindre que leurs intentions dans leurs prières étaient sans doute d'adorer leurs idoles. De plus, un individu ne doit pas prier s'il est dans une maison d'idolâtrie.

Les prières d'une personne devraient être prononcées dans un contexte adéquat, afin d'honorer D-ieu, et il est méritoire de prier dans des vêtements convenables. On ne devrait pas prier avec des vêtements sales, ou sans vêtements, ou en présence d'autres personnes qui sont dévêtues. Il ne faut pas non plus prier là où il y a une mauvaise odeur, dans les toilettes, les salles de bain, ou à moins de 1,8 m d'excréments. Si une personne est debout dans un endroit où d'autres individus sont déshabillés et qu'elle doit faire une demande à Dieu, elle doit tourner son corps (ou au moins sa tête) pour ne pas voir les individus déshabillés, et priez ensuite. Dans une situation où un individu n'est pas capable de parler, ou s'il se trouve dans un endroit qui n'est pas approprié pour la prière, il peut prier de manière concentrée par la pensée.

Le pouvoir du repentir

Chaque individu est tenue d'examiner de manière fréquente la nature de ses actions et de faire un bilan dans son âme de façon à déterminer si il se comporte de la manière qu’il convient aux yeux de D-ieu. Si un individu estime qu’il a mal agit ou qu’il a transgressé la volonté de D-ieu en rapport à l'un des sept commandements noahides ou qu’il s’est trompée dans son comportement en ce qui concerne un aspect de la morale, il doit changer ses habitudes et sa conduite. Cet individu doit prendre sur il la résolution que dorénavant, il agira de la manière qu’il convient et qu'il s'arrêtera de transgresser les commandements que D-ieu lui a donnés. Un individu doit regretter d’avoir fait quelque chose de mal ; il doit également demander pardon à D-ieu pour les péchés qu’il a commis. Ce processus – qui consiste à demander et à implorer le pardon à D-ieu – est appelé le «repentir» ou le «retour». D-ieu accepte certainement le repentir sincère de chacun.

Tout comme un individu a besoin d'examiner ses actions, il doit aussi chercher dans sa personnalité les mauvais traits qu'il a et se repentir de ceux-là et corriger ses manières – telles que les traits de colère, de haine, de jalousie, de sarcasme, et de poursuite d'argent et honneur ou des désirs physiques ou autres mauvais désirs. Ces traits sont en quelque sorte plus mauvais que les péchés qui impliquent simplement l'action, car il est très difficile de s'en éloigner.

Un individu doit toujours estimer que le poids de ses mérites est égal à celui de ses péchés, et que la situation est la même pour ce qui concerne le monde. Dans ce cas, si un individu commet un péché, il pourrait faire pencher sa balance – et celle du monde entier – du côté de la culpabilité et amener la destruction sur lui-même. D'autre part, si le individu effectue même qu'une seule une bonne action, il peut faire pencher sa balance – et celle du monde entier – du côté du mérite et apporter la délivrance et le salut pour lui-même et pour les autres.

Partie II :

Prières et bénédictions

Prières du jour *(p. 13-34)*

Lors du réveil, on doit penser à la présence avec laquelle on se trouve ; on doit être conscient de l'existence du Roi suprême des Rois, le Saint Béni soit-Il, tel qu'il est dit (Isaïe 6:3) : «Le monde entier est rempli de Sa gloire.» Après s'être préparé ainsi à la prière, on récite[4] *:*

Je Te rends grâce, Roi vivant et éternel, car Tu as miséricordieusement restauré mon âme en moi ; Ta fidélité est grande.

Maître du monde, qui régna avant que tout ne fut créé, à l'instant où par Son désir tout fut créé, alors Souverain Il fut proclamé. Lorsque tout aura cessé d'être, seul, le Majestueux régnera alors. Il fut, Il est et Il sera dans la magnificence. Il est Un et nul autre ne peut Lui être comparé ni s'estimer être Son égal. Sans début et sans fin, la force et l'autorité Lui

---

[4] Prières traditionnelles du Siddour.

appartiennent. Il est mon D-ieu et mon rédempteur éternel, la force de mon destin dans les moments de détresse. Il est mon étendard et mon refuge ; Il est mon destin, le jour où je L'invoque. Entre Ses mains, je place mon esprit lorsque je m'endors et lorsque je me réveille. Avec mon âme, ainsi qu'avec mon corps, l'Éternel est avec moi ; je suis sans crainte.

Béni soit Celui qui a parlé et a ramené l'Univers vers l'existence, bénit soit-Il.

Béni soit Celui qui dit et accomplit.

Béni soit Celui qui décrète et accomplit.

Béni soit Celui qui crée tout ce qui existe.

Béni soit Celui qui a de la compassion pour le monde.

Béni soit Celui qui a de la compassion pour les créatures.

Béni soit Celui qui prodigue une bonne récompense à ceux qui Le craignent.

Béni soit Celui qui vit pour toujours et existe éternellement.

Béni soit Celui qui pardonne et sauve ; béni soit Son Nom.

Psaumes d'exaltation :

Psaume 67

Au chef des chantres avec instruments à cordes, un psaume, une cantique. Que D-ieu nous soit gracieux et nous bénisse ; qu'Il fasse luire Sa face sur nous, pour toujours. Pour que, par toute la terre, Tes voies seront connues, parmi tous les peuples Ton secours sauveur. Les nations Te loueront, ô D-ieu ; toutes les nations Te loueront. Les nations se réjouissent et entonnent des chants, puisque Tu juges les peuples avec équité et diriges les nations sur la terre, pour toujours. Les peuples Te loueront, ô D-ieu, toutes les peuples Te loueront. La terre produira ses produits, et D-ieu, notre D-ieu, nous bénisse. D-ieu nous bénira, et toutes des extrémités de la terre Le craindront.

Psaume 100

Psaume pour reconnaissance. Acclamez l'Éternel, toute la terre! Adorez l'Éternel avec joie, présentez-vous devant Lui avec des chants d'allégresse. Reconnaissez que l'Éternel est D-ieu : c'est Lui qui nous a créés ; nous sommes à Lui, Son peuple, le troupeau dont Il est le pasteur. Entrez dans Ses portes avec des actions de grâce, dans Ses parvis, avec des louanges. Rendez-Lui hommage, bénissez Son Nom. Car l'Éternel est bon, Sa grâce est éternelle, Sa bienveillance s'étend de génération en génération.

Psaume 145
Hymne de David. Je veux T'exalter, ô mon D-ieu, ô Roi, bénir Ton nom jusque dans l'éternité. Chaque jour je Te bénirai, je célébrerai Ton Nom à jamais. Grand est l'Éternel et justement glorifié, Sa grandeur est sans bornes. Une génération vante Tes œuvres à l'autre, et proclame Tes hauts faits. La splendeur de Ta glorieuse majesté, le détail de Tes merveilles, voilà ce que je veux exposer. Tous célèbrent la puissance de Tes prodiges, et moi aussi je veux annoncer Ta grandeur. Ils ne tarissent pas sur la gloire de Ta grande bonté, et ils chantent Ta justice. Clément et miséricordieux est l'Éternel, tardif à la colère et abondant en grâce. L'Éternel est bon pour tous, Sa pitié s'étend à toutes Ses créatures. Toutes Tes œuvres Te louent, Seigneur ; et

Tes fidèles adorateurs Te bénissent. Ils célèbrent l'honneur de Ta Royauté, et disent Ta puissance, pour faire connaître aux fils de l'homme Tes hauts faits et l'éclat glorieux de Ton règne. Ta Royauté remplit toute l'éternité, et Ta domination se prolonge d'âge en âge. L'Éternel soutient tous ceux qui tombent, et redresse ceux qui sont courbés. Tous les yeux se tournent avec espoir vers Toi, et, Toi, Tu leur donnes leur subsistance en temps voulu. Tu ouvres la main et rassasies avec bienveillance tout être vivant. L'Éternel est juste en toutes Ses voies, et généreux en tous Ses actes. L'Éternel est proche de tous ceux qui L'invoquent, de tous ceux qui L'appellent avec sincérité. Il accomplit les désirs de Ses fidèles, entend leurs supplications et leur porte secours. L'Éternel protège tous ceux qui L'aiment, mais Il anéantit tous les impies. Que ma bouche dise les louanges de l'Éternel, et que toute créature bénisse Son Saint Nom à jamais !

Psaume 146

Alléluia ! Mon âme, célèbre le Seigneur. Je veux célébrer l'Éternel ma vie durant, chanter mon D-ieu tant que j'existerai. Ne placez pas votre confiance dans les grands, dans le fils d'Adam, impuissant à secourir. Que son souffle se retire de lui, il rentre dans sa poussière : le jour même ses projets sont anéantis. Heureux qui a pour appui le D-ieu de Jacob, et met son espoir en l'Éternel, son D-ieu ! Il a fait le ciel, la terre, la mer et tout ce qu'ils contiennent ; Il est éternellement fidèle [à Sa parole], fait valoir le droit des opprimés, donne du pain à ceux qui ont faim ; l'Éternel met en liberté les prisonniers. L'Éternel rend la vue aux aveugles, l'Éternel redresse ceux qui sont courbés. L'Éternel aime les justes ; l'Éternel veille sur les étrangers, soutient l'orphelin et la veuve, tandis qu'Il bouleverse la vie des pervers. Le Seigneur régnera à jamais, ton D-ieu, ô Sion, d'âge en âge. Alléluia !

Psaume 150

Alléluia ! Louez D-ieu en Son sanctuaire, louez-Le dans le firmament, siège de Sa force. Louez-Le pour Sa puissance, louez-Le pour Son immense grandeur. Louez-Le aux sons stridents du chofar, louez-Le avec le luth et la harpe. Louez-Le avec le tambourin et les instruments de danse, louez-Le avec les instruments à cordes et la flûte. Louez-Le avec les cymbales sonores, louez-Le avec les cymbales retentissantes. Que tout ce qui respire loue le Seigneur ! Alléluia !

Psaumes 89:53, 135:21, 72:18-19

Béni soit l'Éternel pour toujours, Amen et Amen.

Béni est l'Éternel de Tsion, qui habite à Jérusalem ; louez l'Éternel.

Béni soit l'Éternel, le Dieu d'Israël, qui seul accomplit des merveilles.

Béni soit Son Nom glorieux pour toujours, et que toute la terre soit remplie de Sa gloire, Amen et Amen.

Acceptation verbale de l'unité et de la Royauté de D-ieu :

D-ieu Tout-Puissant, nous acceptons sur nous-mêmes ce qui est écrit dans Ta sainte Torah «Tu sauras en ce jour et tu imprimeras en ton cœur que l'Éternel seul est D-ieu, dans les cieux en haut et ici-bas sur la terre, qu'il n'en est point d'autres».[5]

Nous affirmons les préceptes de «Tu aimeras l'Éternel, ton D-ieu, de tout ton cœur, de toute ton âme et de tout ton pouvoir»[6] ;

et «C'est l'Éternel, ton D-ieu, que tu dois craindre ; c'est Lui que tu dois servir, c'est par Son Nom [et en Son Nom seul] que tu dois jurer».[7]

et comme il est écrit : «Crains D-ieu et observe Ses commandements, car c'est là tout l'homme».[8]

---

[5] Deut. 4:39.

[6] Deut. 6:5.

[7] Deut. 6:13.

[8] Écclésiaste 12:13.

Pour une prière fervente, pour demander à D-ieu les besoins nécessaires de la vie :

Béni sois-Tu Éternel, Être suprême qui accorde une abondance de bonté.

Nous Te supplions de nous accorder gracieusement la sagesse la compréhension et la connaissance.

Nous Te supplions d'accepter notre repentir et de nous pardonner pour nous erreurs et nos péchés.

Accorde une guérison complète à toutes nos plaies et maladies.

Accorde-nous tout ce dont nous avons besoin pour notre subsistance par Ta grande générosité.

Précipite le jour à propos duquel il est dit : «D-ieu sera Roi sur toute la terre ; en ce jour, D-ieu sera Un et Son Nom sera Un»[9] ; «Car alors Je dirigerai les peuples vers un langage pur, pour que tous L'appellent par le Nom de l'Éternel et Le servent d'un seul cœur»[10] ; et «Ils ne feront pas de mal, et ne

---

[9] Zacharie 14:9.

[10] Cephania 3:9.

détruiront rien sur toute Ma montagne sainte, car la terre sera remplie de la connaissance de D-ieu, comme les eaux couvrent le lit des océans».[11]

Écoute notre voix, Éternel, notre Père rempli de miséricorde, puisses-Tu avoir de la compassion envers nous et accepter nos prières avec clémence et bienveillance. Béni sois-Tu Éternel qui écoute notre prière.

On pourra réciter de manière optionnelle la prière de supplication pour le repentir :

Éternel, j'ai failli, fauté, péché et transgressé de manière volontaire devant Toi ; j'ai fait ce qui est mal à Tes yeux, en particulier avec les péchés *(mentionner ici de manière spécifique les péchés et les erreurs)*. Je ressens une honte sincère pour mes péchés et je me repens et prends la ferme décision de ne pas les répéter.

De grâce, dans Ton infini compassion, pardonne mes péchés et mes transgressions. Accorde moi expiation, comme il est écrit :

---

[11] Isaïe 11:9.

«Que le méchant abandonne ses voies et l'homme d'iniquité ses pensées ; qu'il revienne à D-ieu et Il lui montrera de la compassion car Il pardonne abondamment».[12] Ainsi qu'il est écrit : «Est-ce que Mon désir est que le méchant meure ? dit l'Éternel D-ieu ; Mon désir est qu'il revienne de ses voies et vive !»[13]

Le psaume 20 qui suit peut être récité à tout moment lorsqu'une personne se trouve dans le besoin. Cette prière est également utile afin de délivrer une personne d'une maladie ou de difficultés. Il faut mentionner le nom de la personne pour laquelle on prie, ou son propre nom en ajoutant «fils de» ou «fille de» et celui du père.

Au chef des chantres, Psaume de David. Que l'Eternel t'exauce au jour de ta détresse, que le Nom du D-ieu de Jacob te fortifie. Qu'Il t'envoie Son secours de Son Sanctuaire, du Temple, qu'Il soit ton appui

---

[12] Isaïe 55:7.

[13] Ézéchiel 18:23.

de Sion. Qu'Il se souvienne de toutes tes offrandes et qu'Il agrée tous tes holocaustes, pour toujours. Qu'Il t'accorde ce que ton cœur désire et qu'Il accomplisse tous tes desseins. Nous célébrerons Ton salut et nous porterons en bannière le Nom de notre D-ieu. Que l'Éternel réalise tous tes souhaits. Désormais, je sais que l'Éternel sauvera Son oint, qu'Il lui répondra, des cieux de Sa sainteté, par l'aide puissante de Sa main droite. Les uns s'en remettent aux chars et les autres, aux chevaux. Nous, nous mentionnons le Nom de l'Éternel notre D-ieu. Eux, ont ployé, sont tombés et nous, nous restons debout, avec fermeté. Que l'Éternel nous délivre. Que le Roi nous exauce, au jour où nous L'invoquons.

Psaumes pour les jours de la semaine :

Les Lévites avaient l'habitude de chanter ces psaumes dans le Temple saint. Les six premiers psaumes ont été choisis de manière spécifique en rapport avec les œuvres particulières de D-ieu pendant les six premiers jours de la Création.

Pour le dimanche réciter le psaume 24

De David, un psaume. À l'Éternel appartient la terre et ce qu'elle renferme ; le globe et ceux qui l'habitent. Car c'est Lui qui l'a fondée sur les mers et affermie sur les flots. Qui s'élèvera sur la montagne du Seigneur ? Qui se tiendra dans Sa Sainte résidence ? Celui dont les mains sont sans tache, le cœur pur, qui n'a pas prononcé Mon Nom en vain, ni prêté serment d'une façon malhonnête. Cette personne recevra une bénédiction de l'Éternel et la vertu du D-ieu de son salut. Ceci est la génération de ceux qui Le cherchent, qui recherchent Ta face, Ô Jacob. Sélah ! Soulevez vos frontons, ô portes ! Levez-vous, portes éternelles ! Le Roi de gloire pourra ainsi entrer. Qui donc est ce Roi de gloire ? L'Éternel fort et puissant, l'Éternel, puissant dans la guerre. Soulevez vos frontons, ô portes ! Levez-vous, portes éternelles ! Le Roi de gloire pourra ainsi entrer. Qui donc est ce Roi de gloire ? L'Éternel-Cebaot est le Roi de gloire ! Sélah !

Pour le lundi réciter le psaume 48

Cantique. Psaume des fils de Korah. Grand est l'Éternel et justement glorifié dans la ville de notre D-ieu. La montagne de Sa Sainteté, comme elle se dresse d'une façon magnifique ; joie de toute la terre est la montagne de Sion, aux flancs dirigés vers le nord, la cité d'un Roi puissant ! D-ieu est connu en Ses palais, comme un véritable rempart. Car voici, les rois s'étaient ligués, ensemble ils vinrent. Dès qu'ils la virent, ils furent aussitôt frappés de stupeur ; ils furent épouvantés ; ils s'enfuirent. La peur s'empara d'eux, ainsi qu'une douleur, comme celle d'une femme qui enfante. Tu as brisé les vaisseaux de Tarshish avec un vent d'est. Ce que nous avions entendu, nous l'avons vu dans la ville de l'Éternel-Cebaot, la ville de notre D-ieu ; D-ieu l'établira pour l'éternité. Sélah ! Nous avons pensé à Ton affectueuse bonté, ô D-ieu dans l'enceinte de Ton Temple. En accord avec Ton Nom, ô D-ieu, ainsi sont Tes louanges jusqu'aux confins de la terre ; Ta main droite est pleine de justice. Qu'elle se réjouisse la montagne de Sion, qu'elles se livrent à l'allégresse les filles de Juda, en raison de Tes jugements ! Faites le tour de Sion et parcourez-la à la ronde ; comptez ses tours. Notez bien ses remparts, admirez ses palais ; vous pourrez ainsi raconter à la prochaine génération que ceci est D-ieu, notre D-ieu pour l'éternité ! Il sera notre guide jusqu'à la mort.

Pour le mardi réciter le psaume 82

Psaume d'Assaph. D-ieu se tient dans l'assemblée des juges ; au milieu des juges, Il juge. Jusqu'à quand jugerez-vous avec iniquité et prendrez-vous parti pour les méchants ? Sélah ! Rendez justice au pauvre et à l'orphelin ; occupez-vous vertueusement du pauvre et du nécessiteux ! Secourez le pauvre et le nécessiteux ; délivrez-les de la main du méchant ! Ils ne savent ni ne comprennent ; ils avancent dans les ténèbres ; tous les fondements de la terre sont ébranlés.

J'avais dit : «Vous êtes des anges ; tous, des fils du Très-Haut !» Mais vous mourrez comme des hommes et tomberez comme n'importe quel prince ! Lève-toi, ô D-ieu, juge la terre ; car c'est à Toi qu'appartiennent toutes les nations.

Pour le mercredi réciter le psaume 94

D-ieu des vindictes, Éternel, D-ieu des vindictes, apparais ! Lève-Toi, juge de la terre ; rends le jugement qu'il mérite à l'arrogant. Éternel, jusqu'à quand les malfaisants, jusqu'à quand les malfaisants triompheront-ils ? Jusqu'à quand proféreront-ils et parleront-ils d'une façon arrogante ? Tous les scélérats agissent avec arrogance. Ils écrasent Ton peuple, ô Éternel et ils accablent Ton héritage. Ils font périr la veuve et l'étranger et ils assassinent l'orphelin. Pourtant, ils disent : «L'Éternel ne le verra pas, ni le D-ieu de Jacob n'y fera attention !» Comprenez, gens stupides parmi les peuples ; et vous, insensés, quand serez-vous sages ? Celui qui a planté l'oreille n'entendrait-Il pas ? Celui qui a formé l'œil ne verrait-Il point ? Celui qui châtie les nations, ne châtierait-Il pas ? Celui qui enseigne la connaissance à l'homme, l'Éternel, connaît les pensées de l'homme, [Il sait] qu'elles sont vanité. Heureux est l'homme que Tu réprimandes, ô Éternel et auquel Tu enseignes Ta Torah ! Puisses-Tu le protéger pendant les jours de malheur, jusqu'à ce qu'un puits soit creusé pour le malfaisant. Car le Seigneur ne délaissera pas Son peuple ; Il n'abandonnera pas Son héritage. Mais le jugement reviendra à l'équité et à tous ceux qui sont droits dans leur cœur. Qui se lèvera pour Moi contre les scélérats ? Qui se dressera pour Moi contre les scélérats ? Si l'Éternel n'avait pas été à mon aide, mon âme séjournerait bientôt dans le silence. Lorsque je dis : «Mon pied glisse», Ton affectueuse bonté, ô Éternel, vient me soutenir. Lorsque les soucis sont nombreux en mon cœur, Ton réconfort réjouit mon âme. Se pourrait-il que le trône de l'iniquité, qui établit la malice en loi, soit Ton compagnon ? Ils se rassemblent entre eux, contre l'âme du Juste et condamnent le sang innocent. Mais l'Éternel est devenu ma forteresse ; mon D-ieu, le rocher de mon refuge. Il fera retomber sur eux leur propre iniquité et Il les séparera de leur propre cruauté ; l'Éternel, notre D-ieu les en séparera.

Pour le jeudi réciter le psaume 81

Au chef des chantres, sur la Ghitit, un psaume d'Assaph. Célébrez D-ieu, notre force ; acclamez le D-ieu de Jacob ! Chantez des hymnes et faites retentir le tambourin, la lyre suave avec la harpe. Sonnez le chofar à la nouvelle lune, lorsque la lune est pleine, le jour de votre fête. Car ceci est une loi pour Israël, un décret du D-ieu de Jacob. Il a décrété cela dans Joseph comme un témoignage, lorsqu'Il marcha contre l'Égypte. J'entendis une langue que je ne connaissais pas. [D-ieu dit :] «J'ai ôté son épaule du fardeau ; ses mains sont libres du panier. Tu as appelé dans la détresse et Je t'ai sauvé ; Je t'ai répondu en la place secrète de la foudre ; Je t'ai éprouvé auprès des eaux de Mériba. Sélah ! Écoute, ô Mon peuple et Je te préviendrai, ô Israël, si tu M'écoutes : Il n'y aura pas parmi vous de dieu étranger ; vous ne servirez aucun dieu étranger. Je suis l'Éternel, ton D-ieu, qui t'a fait sortir du pays d'Égypte ; ouvre grand ta bouche et Je la remplirai.» Mais Mon peuple n'a pas écouté Ma voix ; Israël a refusé de M'obéir. Je les ai donc livrés à leur cœur obstiné et ils suivirent leurs propres conseils. Oh ! Si Mon peuple M'avait écouté et Israël marché dans Mes voies ! Je réprimerais rapidement leurs ennemis et dirigerais Ma main contre leurs adversaires. Que ceux qui haïssent l'Éternel rampent devant Lui et que leur châtiment soit éternel. Il les nourrirait avec le meilleur blé et Il les rassasierait avec le miel des rochers.

Pour le vendredi réciter le psaume 93

L'Éternel règne ! Il est revêtu de majesté ; l'Éternel se revêt et se ceint de puissance ; [Il a] créé le monde afin qu'il ne puisse pas vaciller. Ton trône s'établit depuis l'origine des temps ; Tu es éternel. Les fleuves se sont élevés, ô Éternel ; les fleuves font retentir leur voix ; les fleuves élèvent leur rugissement. L'Éternel est plus puissant que le vacarme de toutes les eaux et des puissantes vagues de la mer. Tes témoignages sont infiniment sûrs ; la Sainteté devient Ta demeure, ô Seigneur, pour la durée des temps.

Pour le samedi réciter le psaume 92
qui se réfère à l'ère messianique future.

Un psaume, cantique pour le jour du Shabbat. Il est bien de rendre grâce à l'Éternel et de chanter en l'honneur de Ton nom, ô D-ieu Suprême ! D'annoncer Ta bonté, dès le matin et Ta bienveillance chaque nuit, avec un instrument à dix cordes et avec la harpe, aux sons mélodieux de la harpe. Car Tu me combles de joie, ô Éternel, par Tes hauts faits ; je triompherai dans les œuvres de Tes mains. Ô Éternel, qu'elles sont grandes Tes œuvres ! Tes pensées sont très profondes ! L'homme stupide ne sait pas ; le sot ne peut pas comprendre cela : lorsque les malfaisants croissent comme l'herbe et que les scélérats prospèrent, cela signifie qu'ils doivent être détruits à jamais. Mais toi, ô Seigneur, Tu es éternellement sublime car voilà que Tes ennemis, ô Éternel, doivent périr ; tous les scélérats seront disséminés. Tandis que Tu loueras ma force comme celle du taureau ; je serai oint avec de l'huile nouvelle. Mes yeux ont contemplé la chute de mes ennemis et mes oreilles ont entendu le destin tragique des malfaisants qui se sont dressés contre moi. Le juste prospère comme le palmier ; il croît comme le cèdre du Liban. Ceux qui sont plantés dans la maison de l'Éternel prospérer-ont dans les tribunaux de notre D-ieu. Jusque dans leur haute vieillesse, ils donneront des fruits ; ils seront fertiles et florissants ; ils déclareront que l'Éternel est droit ; qu'Il est mon rocher et que l'injustice n'est pas en Lui.

On peut aussi ajouter Psaume 96 :

Chantez à l'Eternel un cantique nouveau, chantez à l'Eternel, toute la terre ! Chantez à l'Eternel, bénissez Son Nom, publiez de jour en jour l'annonce de Son secours. Proclamez parmi les peuples Sa gloire, parmi toutes les nations, Ses merveilles. Car grand est l'Eternel et infiniment digne de louanges. Il est redoutable plus que toutes les divinités. Car tous les dieux des nations sont de vaines idoles ; mais l'Eternel est l'Auteur des cieux. Majesté et splendeur forment Son avant-garde, force et magnificence emplissent Son sanctuaire. Célébrez l'Eternel, groupes de nations, célébrez Sa gloire et Sa puissance. Rendez hommage au Nom glorieux de l'Eternel, apportez des offrandes et venez en Ses parvis. Prosternez-vous devant l'Eternel en un saint apparat, que toute la terre tremble devant Lui ! Dites parmi les peuples : «L'Eternel est Roi !», l'univers est stable et ne vacille point ; Il juge les nations avec droiture. Que les cieux se réjouissent, que la terre soit dans l'allégresse, que la mer gronde avec ce qu'elle contient ! Que les champs éclatent en transports avec tout ce qui les couvre ! Qu'en même temps tous les arbres de la forêt résonnent joyeusement, à l'approche de l'Eternel ! Car Il vient, Il vient pour juger la terre ; Il va juger le monde avec équité et les nations avec Son intégrité.

Prières du soir *(p. 35-42)*

Versets de psaumes :
Cantique des degrés. Allons ! Bénissez l'Éternel, vous tous, serviteurs de l'Éternel, qui vous tenez dans la maison du Seigneur durant les nuits. Élevez vos mains vers le sanctuaire et bénissez le Seigneur. Qu'il te bénisse de Sion, l'Éternel qui a fait le ciel et la terre ! Puisse l'Éternel chaque jour mettre Sa grâce en œuvre ! Que la nuit un cantique en son honneur soit sur mes lèvres, ma prière au D-ieu vivant ! Le salut du juste vient de l'Éternel ; il est leur citadelle au temps de la détresse. L'Éternel les aide et les délivre, Il les délivre des méchants, Il les sauve, car ils se sont abrités en Lui.

Psaume 91
Celui qui demeure sous la sauvegarde du Très-Haut, et s'abrite à l'ombre du Tout-Puissant, qu'il dise à l'Éternel : «Tu es mon refuge, ma citadelle, mon D-ieu, en qui je place ma confiance !» Car c'est lui qui te préserve du piège de l'oiseleur, de la peste meurtrière. Il te recouvre de Ses vastes pennes ; sous Ses ailes tu trouves un refuge :

Sa bonté est un bouclier et une cuirasse. Tu n'auras à craindre ni les terreurs de la nuit, ni les flèches qui voltigent le jour, ni la peste qui chemine dans l'ombre, ni l'épidémie qui exerce ses ravages en plein midi. Qu'à tes côtés il en tombe mille, dix mille à ta droite : toi, le mal ne t'atteindra point. Tu le verras seulement de tes yeux, tu seras témoin de la rémunération des méchants. C'est que [tu as dit] : «L'Éternel est mon refuge !» Dans le Très-Haut tu as placé ton abri. Nul malheur ne te surviendra, nul fléau n'approchera de ta tente ; car à Ses anges Il a donné mission de te protéger en toutes tes voies. Sur leurs bras ils te porteront, pour que ton pied ne se heurte à aucune pierre. Tu marcheras sur le chacal et la vipère, tu fouleras le lionceau et le serpent. Car [dit le Seigneur] il m'est attaché, et Je veux le sauver du danger ; Je veux le grandir, parce qu'il connaît Mon Nom. Il m'appelle et je lui réponds ; Je suis avec lui dans la détresse, Je le délivre et le comble d'honneur. Je le rassasie de longs jours, et le fais jouir de Mon salut.

Psaume 121

Cantique des degrés. Je lève les yeux vers les montagnes, pour voir d'où me viendra le secours. Mon secours vient de l'Éternel, qui a fait le ciel et la terre. Il ne permettra pas que ton pied chancelle, celui qui te garde ne s'endormira pas. Non certes, Il ne s'endort ni ne sommeille, Celui qui est le gardien d'Israël. C'est l'Éternel qui te garde, l'Éternel qui est à ta droite comme ton ombre tutélaire. De jour le soleil ne t'atteindra pas, ni la lune pendant la nuit. Que l'Éternel te préserve de tout mal, qu'Il protège ta vie ! Que le Seigneur protège tes allées et venues, désormais et durant l'éternité !

Maître du monde, qui régna avant que rien ne fut créé. À l'instant où par Son désir tout s'accomplit, alors Souverain Il fut proclamé. Lorsque tout aura cessé d'être, seul, le Majestueux régnera alors. Il fut, Il est et Il sera dans la magnificence. Il est Un et nul autre ne peut Lui être comparé ni s'estimer être Son égal. Sans début et sans fin, la force et l'autorité Lui appartiennent. Il est mon D-ieu et mon rédempteur éternel, la force de mon destin dans les moments de détresse. Il est mon étendard et mon refuge ; Il est mon destin, le jour où je L'invoque. Entre Ses mains, je place mon esprit lorsque je m'endors et lorsque je me réveille. Avec mon âme, ainsi qu'avec mon corps, l'Éternel est avec moi ; je suis sans crainte.

Prière de supplication pour le repentir :

Éternel, j'ai failli, fauté, péché et transgressé de manière volontaire devant Toi ; j'ai fait ce qui est mal à Tes yeux, en particulier avec les péchés (mentionner ici de manière spécifique les péchés et les erreurs). Je ressens une honte sincère pour mes péchés et je me repens et prends la ferme décision de ne pas les répéter.

De grâce, dans Ton infini compassion, pardonne mes péchés et mes transgressions. Accorde moi expiation, comme il est écrit : «Que le méchant abandonne ses voies et l'homme d'iniquité ses pensées ; qu'il revienne à D-ieu et Il lui montrera de la compassion car Il pardonne abondamment».[14] Ainsi qu'il est écrit : «Est-ce que Mon désir est que le méchant meure, dit l'Éternel D-ieu ; Mon désir est qu'il revienne de ses voies et vive !»[15]

---

[14] Isaïe 55:7.

[15] Ézéchiel 18:23.

On lira ensuite le psaume 51 :

Au chef des chantres. Psaume de David, Lorsque le prophète Nathan fut venu le trouver, à la suite de ses relations avec Bethsabée. Prends-moi en pitié, ô D-ieu, dans la mesure de Ta bonté ; selon la grandeur de Ta clémence, efface mes fautes. Lave-moi à grandes eaux de mon iniquité, purifie-moi de mon péché. Car je reconnais mes fautes et mon péché est sans cesse sous mes yeux. Contre Toi seul j'ai failli et fait ce qui est mal à Tes yeux ; ainsi Tu seras justifié dans Ta condamnation et clair dans Ton jugement. Mais, en vérité, j'ai été enfanté dans l'iniquité et c'est dans le péché que ma mère m'a conçu. Or, Tu désires la vérité dans le secret des cœurs ; par conséquent, enseigne-moi la sagesse au plus profond de mon cœur. Puisses-Tu me purifier avec l'hysope, pour que je sois pur ! Puisses-Tu me laver, pour que je sois plus blanc que neige ! Puisses-Tu me faire entendre des accents d'allégresse et de joie, afin que ces os que tu as broyés puissent se réjouir ! Détourne Ton visage de mes péchés et efface toutes mes iniquités. Ô D-ieu, crée en moi un cœur pur et fais renaître en mon sein un esprit droit. Ne me rejette pas de devant Ta face ; ne me retire pas Ta sainte inspiration. Rends-moi la joie de Ton secours et soutiens-moi avec Ton esprit magnanime. Alors, j'enseignerai Tes voies aux pécheurs et les coupables reviendront à Toi. Préserve-moi, ô D-ieu, D-ieu de mon salut, d'un arrêt sanglant et ma langue célébrera Ton équité. Ô Seigneur, ouvre mes lèvres et ma bouche proclamera Tes louanges ! Car Tu ne souhaites pas de sacrifice, je les offrirais volontiers ; Tu ne prends point plaisir aux holocaustes. Les sacrifices [agréables] à D-ieu sont un esprit brisé. Un cœur brisé et contrit, ô D-ieu, Tu ne le dédaignes point. Dans Ta bienveillance, daigne restaurer Sion ; rebâtir les murailles de Jérusalem. Alors, Tu agréeras des sacrifices pieux, holocaustes et victimes parfaites alors on présentera des taureaux sur Ton autel.

On pourra conclure avec des versets de confiance à D-ieu avant d'aller dormir :

Quand tu te coucheras, tu auras aucune crainte ; tu te coucheras et ton sommeil sera doux.[16]

Puis-je bien dormir et me réveiller dans la miséricorde.[17]

Je place mon esprit entre Tes mains ; Tu accepteras mon retour, Éternel, D-ieu de vérité ![18]

---

[16] Proverbes 3:24.

[17] Prière traditionnelle du Siddour.

[18] Psaumes 31:6.

Bénédictions avant de manger ou boire

Avant de consommer un aliment, il convient de formuler une demande à D-ieu pour qu'Il nous accorde suffisamment de nourriture ; il est approprié de prononcer des louanges et des remerciements pour ce que D-ieu nous a donné. Il est permis de prononcer la version adéquate de la bénédiction que les Sages ont instituée. Selon les aliments consommés, il existe plusieurs bénédictions spécifiques. Il y a 6 bénédictions qui correspondent aux différentes catégories d'aliments. Ces bénédictions appartiennent à la catégorie «des bénédictions pour le plaisir.» La prononciation de ces bénédictions nous permet de nous rappeler qu'il est important de reconnaître la bonté du Créateur.

1. **Avant de consommer du pain :**

«Béni sois-Tu, Éternel notre D-ieu, Roi de l'univers, qui fait sortir le pain de la terre.»

Exemples **:** pain fabriqué avec du levain (baguettes, pain de campagne...) ou sans levain (pain azyme), pita, pâte à pizza... dans la mesure où la pâte est composée de farine de blé, orge, épeautre, seigle ou d'avoine et qu'elle est mélangée avec de l'eau (ou avec d'autres liquides mais où l'eau représente la majorité du liquide).

2. **Avant de consommer d'autres aliments cuits (autres que le pain) qui ont été confectionnés à partir du blé, avoine, épeautre, seigle, orge ou riz :**

«Béni sois-Tu, Éternel notre D-ieu, Roi de l'univers, qui crée différentes sortes d'aliments.»

Exemples : gâteaux, céréales, biscuits, pâtisseries, pâtes, riz, galettes de riz.

3. **Avant de boire du vin ou du jus de raisin :**

«Béni sois-Tu, Éternel notre D-ieu, Roi de l'univers, qui crée le fruit de la vigne.»

4. **Avant de consommer des fruits qui poussent sur un arbre :**

«Béni sois-Tu, Éternel notre D-ieu, Roi de l'univers, qui crée le fruit de l'arbre.»

Exemples : fruits (incluant les fruits secs) d'arbres, arbustes, cactus, baies (type groseilles, myrtilles...) tels que les pommes, oranges, avocats, raisins, kiwis et noix (à l'exception des cacahuètes qui sont une racine).

5. **Avant de consommer des fruits qui poussent dans la terre :**

«Béni sois-Tu, Éternel notre D-ieu, Roi de l'univers, qui crée le fruit de la terre.»

Exemples : bananes (le bananier n'est pas considéré comme un arbre), les racines comestibles, laitues, légumes tels que les tomates, concombres…, fruits herbacés annuels ou vivaces (melons, artichauts...)

6. **Avant de consommer tout autre type d'aliment ou de boisson :**

«Béni sois-Tu, Éternel notre D-ieu, Roi de l'univers, dont la parole fait exister toutes choses.»

Exemples : fromages, viande, champignons, œufs, nourriture industrielle ou transformée telle que le beurre de cacahuète, le tofu, les bonbons...), les boissons (à l'exception du jus de raisin ou du vin) et tout autre aliment de ces types. *On peut également utiliser cette bénédiction en cas de doute ou d'oubli de la bénédiction appropriée.*

Autres bénédictions

De la même manière, il existe d'autres plaisirs pour lesquels des bénédictions de remerciement à D-ieu ont été composées par les Sages et peuvent être également récitées.

Lorsqu'on sent l'odeur d'épices douces telles que la cannelle ou les clous de girofles :

«Béni sois-Tu, Éternel notre D-ieu, Roi de l'univers qui crée diverses épices odorantes.»

Lorsqu'on entend des nouvelles qui sont bonnes pour soi ou pour les autres :

«Béni sois-Tu, Éternel notre D-ieu, Roi de l'univers qui est bon et accomplit le bien.»

Si un miracle est arrivé à une personne et qu'elle revient à cet endroit après un mois ou plus, elle peut réciter la bénédiction suivante :

«Béni sois-Tu, Éternel notre D-ieu, Roi de l'univers qui a accompli un miracle pour moi, en cet endroit.»

Si des miracles ont été accomplis pour cette personne à d'autres endroits, elle pourra également les inclure dans sa bénédiction en disant :

«Béni sois-Tu, Éternel notre D-ieu, Roi de l'univers qui a accompli un miracle pour moi, en cet endroit, et [dans tel et tel endroit], et [dans tel et tel endroit]…»

Règles pour les bénédictions avant de manger ou boire

1. Une bénédiction peut être prononcée même sur une petite quantité d'aliment ou de boisson consommée.

2. Avant de commencer à réciter une des bénédictions citées ci-dessus sur un aliment ou sur une boisson, on doit déterminer quelle est la bénédiction adéquate qu'il faudra réciter.

3. Après avoir commencé à réciter une bénédiction, il ne faut pas s'interrompre en prononçant d'autres paroles avant d'avoir avalé une quantité – même minimale – de l'aliment pour lequel on a récité la bénédiction.

4. Dans la mesure où différents Noms de D-ieu sont inclus dans ces bénédictions – et qu'il est interdit de prononcer en vain ces Noms – on doit prononcer ces bénédictions seulement lorsque les conditions nécessaires sont réunies. (Lorsqu'on apprend ces

bénédictions à un enfant, il est possible de prononcer les Noms de D-ieu si cela est nécessaire et jusqu'au moment où l'enfant les saura lui-même.)

5. On doit répondre «Amen» immédiatement après avoir entendu une bénédiction prononcée par une autre personne si l'on est certain que la personne qui l'a prononcée bénissait uniquement D-ieu (cependant, on ne conclut pas en disant «Amen» à sa propre bénédiction.)

6. Si différents aliments, qui appartiennent tous à une même catégorie, doivent être consommés, on prononce seulement une bénédiction pour tous. Par exemple : si l'on consomme des pommes et des oranges, on doit prononcer une seule bénédiction.

7. Dans ce cas, il est approprié de prononcer la bénédiction sur l'aliment qui est le plus apprécié, en ayant l'intention d'inclure également les autres.

8. Les boissons qui ne tirent pas leur origine du raisin (par exemple : eau, jus de pomme, boissons gazeuses...) sont incluses dans la bénédiction numéro 6 qui est prononcée sur un aliment. Ainsi, une personne qui consomme un œuf et qui désire également boire de l'eau doit prononcer une seule et même bénédiction. (Dans la mesure où les bénédictions incluent les différents Noms de D-ieu, il est interdit de les prononcer en vain et lorsque cela n'est pas nécessaire.)

9. Si un plat contient différents types d'aliments qui sont mélangés, mais un des aliments constitue l'élément essentiel du plat, on doit prononcer seulement la bénédiction sur cet aliment (par exemple : si une salade de thon est servie avec quelques légumes, on doit prononcer seulement la bénédiction sur le thon). Si les différents aliments qui composent un plat sont d'une importance égale, on doit prononcer seulement la bénédiction sur l'aliment qui constitue la majorité du plat.

10. Si la bénédiction correcte qui doit être prononcée n’est pas connue – à cause d'un doute ou d'un oubli – la bénédiction numéro 6 peut être prononcée sur le plat et elle suffira pour tous les aliments qui le composent.

11. Quand un repas est commencé avec la bénédiction du pain, la bénédiction 1 peut couvrir tout le repas (puisque tous les aliments sont secondaires au pain), donc les bénédictions ne sont pas dites pour les autres aliments ou boissons. (Mais le vin de raisin ou le jus de raisin reçoit toujours sa propre bénédiction, même pendant un repas avec du pain.)

12. Après avoir dit la bénédiction sur le vin de raisin ou le jus de raisin, une bénédiction additionnelle pour toute autre boisson n'est pas nécessaire, puisque toutes les autres boissons sont secondaires (tout comme la bénédiction sur le pain exempte d'autres aliments et boissons sans raisin).

Actions de grâces après un repas

Après qu'une personne ait mangé une quantité satisfaisante de nourriture, il est approprié qu'elle remercie et bénisse D-ieu pour lui avoir donné sa nourriture. En prononçant ces remerciements et ces bénédictions, il est approprié d'inclure des remerciements pour les autres besoins de la vie, par exemple : la santé, les moyens de subsistance et d'existence. Après avoir mangé un repas rassasiant, la formule des Actions de grâces est l'une des bénédictions suivantes.

Ceci est la bénédiction qu'enseignait Abraham à ses invités :

«Béni soit le D-ieu de l'univers qui nous a nourrit par Sa générosité.»

Prière recommandée pour la grâce après un repas :

Nous T'offrons grâce, Roi de l'univers, qui dans Sa bonté nourrit le monde entier, avec gentillesse, bienveillance et miséricorde. Il donne à manger à toutes les créatures car Sa bonté est éternelle.[19] Grâce à Sa grande bienveillance permanente à notre égard, nous ne manquons pas de nourriture[20] ; puissions-nous jamais en manquer, pour l'amour de Son grand Nom. C'est Lui qui nourrit et subvient à toute créature, accorde Ses bienfaits à tous et procure la nourriture à toutes les créatures qu'Il a créées, ainsi qu'il est dit : «Tu ouvres Ta main et rassasies avec bienveillance tout être vivant.»[21] Béni soit le D-ieu de l'univers qui nous a nourrit par Sa générosité.

De grâce, notre D-ieu, dans Ta miséricorde, donne-nous la vie, la santé, les moyens d'existence et de subsistance afin de

---

[19] Psaumes 136:25.

[20] Parce que nous venons de terminer un repas.

[21] Psaumes 145:16.

Te remercier et de Te bénir à jamais. De grâce, ne nous rends pas dépendant des dons des mortels, ni de leurs prêts, mais seulement de Ta main, pleine, ouverte, sainte et généreuse de sorte que nous ne soyons jamais honteux ni déshonoré. Louez l'Éternel, car Il est bon, car Sa bonté est éternelle.[22] Béni soit l'homme qui a confiance en D-ieu et D-ieu sera sa sécurité.[23]

Après avoir récité ce texte, chaque personne peut continuer à ajouter des demandes et des supplications à D-ieu, selon sa volonté.

---

[22] Psaumes 136:1.

[23] Jérémie 17:7.

Sept versets à enseigner aux enfants noahides

Recommandé par le Rav J. I. Schochet. Les enfants pourront réciter ces versets le soir avant d'aller dormir (si cela est possible, il est bien de les réciter sur le ton d'une mélodie).

Genèse 1:1. Au commencement, D-ieu créa le ciel et la terre.

Genèse 5:1. Ceci est l'histoire des générations de l'humanité. Lorsque D-ieu créa l'être humain, Il le fit à Sa propre ressemblance.

Psaumes 34:15. Éloigne-toi du mal et fais le bien, recherche la paix et poursuis-la.

Psaumes 145:9. L'Éternel est bon pour tous, Sa pitié s'étend à toutes Ses créatures.

Proverbes 15:3. Les regards de l'Éternel se portent partout, observant les méchants et les bons.

Job 28:28. Ah! La crainte du D-ieu, voilà la sagesse ; éviter le mal, voilà la raison.

Isaïe 48:17. Ainsi parle l'Éternel, ton libérateur, le Saint d'Israël : «Je suis l'Éternel, ton D-ieu, qui t'instruis pour ton bien, qui te dirige dans la voie que tu dois suivre.»

Parents et enseignants peuvent ajouter d'autres versets de la Torah (Bible hébraïque) qu'ils trouvent appropriés.

Partie III :

Prières pour d'autres besoins

Prière pour la subsistance[24]

Puisse être Ta volonté, Éternel, notre D-ieu, que mes moyens de subsistance et ceux de ma famille soient suffisants, appropriés et vertueux par Ta main. Que l'on n'ait jamais besoin des cadeaux des hommes ou de leurs prêts, mais uniquement de Ta main qui est remplie, ouverte, sainte et généreuse. Et que tout mon travail et mes transactions soient bénis et non en vain, pour la vie et non pour la mort. Puis-je mériter que le Nom du Ciel ne soit jamais profané à travers moi et puis-je être parmi les bienfaisants et ceux qui influencent les autres personnes à faire le bien à tout moment. Puisses-Tu remplir mes mains de Tes bénédictions et me combler de Ta bonté. Car Tu es béni et Tu amènes les bénédictions dans l'univers. Les yeux de tous sont dirigés vers Toi, et Tu leur donnes

---

[24] Adapté de la prière de Rabbi Moïse Cordovero.

leur nourriture en son temps. Tu ouvres Ta main et comble le désir de tout être vivant.[25] Dépose ton fardeau sur l'Éternel et Il te soutiendra ; Il ne permettra jamais l'échec des justes.[26] De grâce, élève ma force et mon destin de manière à ce que je puisse Te servir d'un cœur entier tous les jours de ma vie. Amen.

---

[25] Psaumes 145:16.

[26] Psaumes 55:23.

Prière pour les voyageurs[27]

Cette prière doit être récitée après avoir quitté la ville, le premier jour du voyage. Les jours suivants et jusqu'au retour chez soit, la prière peut être récitée chaque matin sur le chemin ou à l'hôtel.

Puisse être Ta volonté, Éternel, notre D-ieu, de nous conduire dans la paix et de diriger nos pas dans la paix, de nous guider dans la paix, de nous soutenir dans la paix et de nous faire atteindre notre destination en vie, joyeux et dans la paix

(*si on a l'intention de revenir au point de départ le même jour, il faut ajouter :*
et de nous faire revenir dans la paix).

Sauve-nous des mains de nos ennemis, de tous les brigands embusqués, des voleurs et des bêtes sauvages au cours du voyage, ainsi que de tout fléau qui pourrait s'abattre sur le monde. Accorde la bénédiction à tous nos actes. Fais-moi trouver grâce, faveur et miséricorde à Tes yeux ainsi qu'à tous ceux

---

[27] Traduit de *Siddur Tehillat HaShem*, publié par Kehot.

qui nous voient. Accorde-nous Ta généreuse bonté. Écoute la voix de notre prière car Tu entends la prière de chacun. Béni soit-Tu, Éternel qui entend la prière.

Prière pour une personne malade

En addition du psaume 20 (p. 23) – ou tout autre psaume récité pour une personne malade – on pourra réciter la prière suivante :

Pour un homme : Puisse le Saint béni soit-Il être rempli de miséricorde pour (*mentionner le prénom de la personne malade*) fils de *(utiliser «Noé» si la personne est un non-juif, utiliser «Sara» si la personne est un juif)*, pour rétablir sa santé et pour le guérir, pour le renforcer et lui redonner de la vitalité. Et puisse l'Éternel hâter une guérison complète de tous ses membres et organes, une guérison de l'esprit et une guérison du corps. Amen.

Pour une femme : Puisse le Saint béni soit-Il être rempli de miséricorde pour (*mentionner le prénom de la personne malade*) fille de *(utiliser «Noé» si la personne est un non-juif, utiliser «Sara» si la personne est un juif)*, pour rétablir sa santé et pour la guérir, pour la renforcer et lui redonner de la vitalité. Et puisse l'Éternel hâter une guérison complète de tous ses membres et organes, une guérison de l'esprit et une guérison du corps. Amen.

Il est également approprié de faire un don à la charité et de faire d'autres actes de bonté et de générosité pour la guérison de la personne malade.

Prière pour un nouveau-né (non-juif)

Puisse D-ieu l'Éternel bénir la femme qui vient d'accoucher *(mentionner son prénom et celui de son père)*, avec l'enfant né d'elle *(mentionner le prénom)* fils/fille de *(mentionner le prénom du père)*. Puissent-ils éduquer l'enfant selon les sept commandements, l'accompagner jusqu'à son mariage et à la pratique de bonnes actions.

Prière pour l'âme d'un défunt

Puisse D-ieu l'Éternel se souvenir de l'âme (*mentionner le prénom de la personne décédée*) fils/fille de *(utiliser «Noé» si la personne décédée est un non-juif, utiliser «Abraham» si la personne décédée est un juif)*, qui est parti dans l'autre monde. Par vertu de ma prière en son honneur et sans en faire le vœu, mon intention est de donner la charité en son nom. Puisse son âme être liée au Lien de la vie avec les âmes des justes et disons : Amen.

Cette prière peut être récitée pendant les funérailles, la semaine de deuil et chaque année à la date du décès (une fois par jour), et avec le psaume 23 :

Psaume de David. L'Eternel est mon Berger, je ne manquerai de rien. Dans de vertes prairies, Il me fait camper, Il me conduit au bord d'eaux paisibles. Il restaure mon âme, me dirige dans les sentiers de la justice, en faveur de Son Nom. Dussé-je suivre la sombre vallée de la mort, je ne craindrais aucun mal, car Tu serais avec moi ; Ton soutien et Ton appui seraient ma consolation. Tu dresses la table devant moi, à la face de mes ennemis ; Tu parfumes d'huile ma tète, ma coupe est pleine à déborder. Oui, le bonheur et la grâce m'accompagneront ma vie durant, et j'habiterai de longs jours dans la maison du Seigneur.

Tout ou partie des psaumes 47 et 139 peuvent également être récités.

Puisse la connaissance des sept commandements noahide hâter la venue du Messie et du temps où tous invoqueront le Nom de D-ieu et Le serviront d'un seul cœur.

59962250R00038

Made in the US
Middletown, D
13 August 20